Yvette Kolb

Fräulein Haberthür,
Die Wurst
und andere Schmunzelgedichte

Fräulein Haberthür

Die Wurst

und andere Schmunzelgedichte

von Yvette Kolb

mit Zeichnungen
von Jürgen von Tomëi

Bibliografische Information der Deutschen Bibliothek
Die Deutsche Bibliothek verzeichnet diese Publikation in der
Deutschen Nationalbibliografie; detaillierte bibliografische Daten
sind im Internet über http://dnb.ddb.de abrufbar.

Yvette Kolb
Fräulein Haberthür, Die Wurst
und andere Schmunzelgedichte

Berlin: Pro BUSINESS 2007

ISBN 978-3-939430-57-5

1. Auflage 2007

© 2007 by Pro BUSINESS GmbH
Schwedenstraße 14, 13357 Berlin
Alle Rechte vorbehalten.
Produktion und Herstellung: Pro BUSINESS GmbH
Gedruckt auf alterungsbeständigem Papier
Printed in Germany
www.book-on-demand.de

Inhaltsverzeichnis

Die Autorin 7
Fräulein Haberthür 9
Der Sündenfall 10
Und ewig welken die Nelken 13
Amen 16
Strassenfeger 17
IQ 18
Tafelfreuden 21
Anti-Age 22
Im schönsten Wiesengrunde 25
Urania und Co. 26
Engel der Nacht 29
Freiheit die ich meine 30
Kraft durch Freude 33
Rentenente 34
Katerliebe 36
Ein Liebesgedicht 39
Die Lebensmüde 41
Schönheitschirurgie 1 42
Von Zwergen und Gummibäumen 43
www.napoleon.fr 47
Mareinchen 50
Noch ein Liebesgedicht 51
Erfahrung 52
Anteilnahme 53
Miezen 56
… und noch ein Liebesgedicht 57
Speck, das war sein letztes Wort 58
Die Fütterung 62

Die Haselnuss 63
Frühjahrsputz... 67
Edeltraud 68
Freunde 71
Das Sumpfhuhn 72
Tinti 76
Sandmännchen 78
Reissverschluss 82
Küsse Schüsse Haselnüsse 86
Mahlzeit 88
Schönheitschirurgie 2.................................... 91
Die Sängerin 92
Das edle Pferd 95
Einzelgänger... 98
Die Wurst.. 99
Der Zeichner... 103

Die Autorin

Yvette Kolb war Primaballerina. Sie tanzte fast alle grossen Rollen des klassischen Ballett's. Nach ihrer Tanzkarriere besuchte sie die Schauspielschule Berlin und spielte danach in unzähligen Theaterstücken und Fernsehspielen. Jahrelang begleitete sie Ephraim Kishon als Partnerin auf seinen Lesungen. Ephraim Kishon war es auch, der sie zum Schreiben motivierte und der das Vorwort zu ihrem ersten Gedichtband, (inzwischen vergriffen,) schrieb: „Ich kam um ein Vorwort nicht mehr herum. Dafür sind Yvette Kolb's Gedichte zu gut gedichtet, ihr Scharfblick zu scharf und ihre Witze zu witzig." (Zitat Ephraim Kishon) Yvette Kolb lebt heute als freie Schauspielerin, Regisseurin und Autorin in Basel.
Von Yvette Kolb und Jürgen von Toměi weiter erhältlich:
„Gipfel Wipfel Hosenzipfel, Schmunzelgedichte" – Traubenbergverlag Verlag, CH-8702 Zollikon
ISBN 3-9520742-2-5

Fräulein Haberthür

Sie hiess Elfriede Haberthür,
Sie war ihr Leben lang dafür:
Man soll sich selbst der Nächste sein!
Sie war sehr dünn und ziemlich klein.
Klein war sie auch in ihrem Denken,
Klein war sie im Geschenke schenken.
Klein war sie in der Toleranz,
Gross einzig in der Ignoranz.
Klein war ihr Herz und auch ihr Geist,
Was Neid und Knaus'rigkeit beweist.
Sie hat im Leben und im Lieben,
Das Wörtchen „klein" stets gross geschrieben.
Und unser Fräulein Haberthür,
Die sorgte schliesslich auch dafür,
Dass nicht der künft'ge Ehemann,
Mit Grossem überraschen kann.
Drum flog sie zum Nudistenstrand,
Wo sie den Passenden dann fand!

Der Sündenfall

Die Eva sagt zum Adam
Im schönen Paradies:
„Ich find's hier gar nicht lustig,
Ich find's hier eher mies.

Nun muss ich's endlich sagen:
Ich hab' das Feigenblatt -
Das ewig gleiche Outfit -
Nun wirklich gründlich satt!

Ich sehn' mich nach Klamotten,
Mal sexy, dann mal schick.
Die gäben uns ganz sicher
Den langvermissten Kick.

Auch träume ich von Schuhen,
Ob hoch, ob spitz, ob flach,
Besonders Joggingschuhe,
Die machen mich ganz schwach!

Ich will hier nicht mehr bleiben,
Mir stinkt's hier absolut.
Die blöde Einblatt-Mode,
Steht mir nun mal nicht gut!

Beiss endlich in den Apfel!
Ich bin ein echtes Weib,
Und brauche demzufolge
Abwechslung auf dem Leib."

Adam kann nicht verstehen
Was seine Eva hat,
Er bräucht' zu seinem Wohle
Nicht mal das Feigenblatt.

Trotzdem isst er den Apfel,
Weil sie's für richtig hielt,
Denn damals war's wie heute:
Man(n) tut, was Frau befiehlt!

Die Story, die nun folgte
Ist allgemein bekannt,
Drum hier nur ganz in Kürze:
Man hat die zwei verbannt!

Doch schon am ersten Tag dort,
Kriegt Adam einen Schock,
Denn Eva trägt statt Blätter
Nun einen Hosenrock.

Der dekolltierte Pulli,
Zwingt fast zum Gattenmord:
Der sonst recht hübsche Busen
Hängt üppig über Bord.

Am nächsten Tag stockt Adam,
Wahrhaftig dann das Blut:
Auf Eva's gold'nen Locken,
Sitzt ein Tirolerhut.

Sie stakst bald rum auf Schuhen,
Wie's Matterhorn so steil,
Und röchelt, schmerzverkneifend:
„Mann, sind die Dinger geil!"

Und Adam sieht die Eva,
In ihrem Stöckelschuh,
Im Hosenrock, mit Hütchen!
Und macht die Augen zu.

Er murmelt: „Herr im Himmel,
Die Strafe ist *zu* hart.
Ach, hättest du mich lieber
In einem Knast verwahrt!"

Und ewig welken die Nelken

In des Nachbar's Blumenbeet,
Lässt sich's herrlich scharren,
Denn im eigenen Garten tun
Dies nur Katzennarren.

So denkt unser Kater Mauz,
Und man sieht ihn wandern,
Zielbewusst - wenn er mal muss -
Nebendran zum Andern.

Dieser aber wundert sich
Über seine Nelken,
Er weiss einfach nicht, warum
Diese immer welken.

Mit dem Gartenschlauch sieht man,
Ihn die Nelken spritzen,
Und mit Antiblattlaus-Spray
Durch den Garten flitzen.

Kleine Steckchen steckt er nun
Neben seine Nelken,
Und er bindet sie dran fest,
Doch die Nelken welken.

Dann behandelt er - man riecht's -
Sein Gewächs mit Dünger,
Doch auch das macht weder ihn,
Noch die Nelken jünger.

Bio-Erde schleppt er nun
Mühsam zu den Nelken,
Und er streut sie um sie rum,
Doch die Nelken welken.

Ach, der Nachbar spritzt und schwitzt,
Düngt und streut und wettert,
Bis er dann vor lauter Wut,
Auf den Birnbaum klettert.

Vom Balkon aus schau ich zu,
Wie er rumrapunzelt.
Neben mir sitzt Kater Mauz
Und man sieht's: er schmunzelt!

Amen

Das Alter macht uns nicht gescheiter,
Auch nicht heiter. Dafür breiter.

Strassenfeger

Was ist denn in dem Kino los?
Was ist mit all den Menschen bloss
Die da am Boden liegen?
Sie liegen kreuz und quer herum,
Sie reden nicht, sie sind ganz stumm
Als wären's tote Fliegen.

Der Kino-Boss erklärt nun froh,
Das sei an jedem Abend so,
Und einesteils entnervend.
Doch andrerseits auch wundervoll,
Und für's Geschäft natürlich toll:
Der Film sei halt *umwerfend!*

IQ

Ich setz mich in den Zahnarztstuhl
Und öffne meinen Mund,
Der Zahnarzt holt ein Spiegelchen
Und guckt in meinen Schlund.

Er klopft die Zähne ab und sagt:
„Was haben wir denn da?
Ein Loch, das ich jetzt flicken muss,
Okay?" Ich sag: „Chha...chha."

Er klopft und sagt: „Das Loch ist gross,
Die Sitzung dauert lang,
Ich spritze was, dann tut's nicht weh,
Okay?" Ich sag: „Chhang...chhang."

Er holt die Nadel und er sticht
In meine Backe links.
Die wird wie Watte und er fragt:
„Okay?" Ich sag: „Chhinks...chhinks."

Sein Assistent hängt mir geschwind
Den Speichelsauger ran,
Er schiebt ihn hin und her und fragt:
„Okay?" Ich sag: „Chhan...chhan."

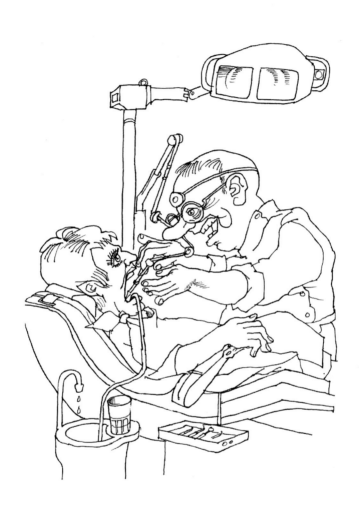

Der Zahnarzt setzt den Bohrer an
Und fragt: „Tut's auch nicht weh?
Sie müssen sagen, wenn es schmerzt,
Okay?" Ich sag: „Chhe...chhe."

Der Zahnarzt bohrt und bohrt und sagt:
„Sie sind bestimmt auch froh,
Heut' ist es nicht mehr gar so heiss,
Nicht wahr? „Ich sag: „Chho...chho."

Dann - endlich - nimmt er irgendwann,
Den Speichelsauger raus.
Er sagt: „Sie dürfen spülen jetzt,
Dann können sie nachhaus."

Das Spülen macht mir grosse Müh'
Mit meinem Wattemund.
Dann steh' ich auf und stelle fest:
Sonst bin ich noch gesund.

Der Zahnarzt schüttelt mir die Hand
Und sagt: „Aufwiedersehn."
Mein steifer Mund formt irgendwas,
Es tönt wie: „Chankechön."

Ich gehe und der Zahnarzt sagt
Zu seinem Assistent:
„Ich mag Frau Ypsilon wirklich sehr,
Sie ist so intelligent!"

Tafelfreuden

Ich freu' mich auf ein Schweinesteak
An feiner Morchelsauce.
Der Kellner stellt es vor mich hin,
Mein Herz fällt in die Hose.

In einer dünnen Sauce schwimmt
Sehr einsam *eine* Morchel,
Und wenn die nicht ersaufen will,
Dann braucht sie einen Schnorchel!

Anti-Age

Die Gattin ist ein fröhlich' Weib,
Sie lacht ganz schrecklich gerne.
Sie hatte mal n'en tollen Leib
Und in den Augen Sterne.

Die Gattin lacht stets ziemlich laut,
Sie kann auch kräftig singen.
Sie war mal eine schöne Braut.
Sie stammt aus Wut-Oeschingen.

Die Gattin trägt zum Stöckelschuh -
(Die sind so hoch wie Pflöcke,
Sie stelzt drauf wie ein Kakadu) -
Sehr kurze Miniröcke.

Man lädt die Gattin gerne ein,
Sie kennt ganz viele Witze.
Sie schätzt das Bier und auch den Wein
Und Dessous ganz aus Spitze.

Die Gattin hebt ihr Bein im Takt,
Wie liebt sie doch das Tanzen!
Sie schwimmt und badet gerne nackt,
Im Grossen und im Ganzen.

Die Gattin färbt die Haare rot,
Und tintenblau die Lider.
Sie holt sich manchmal fast den Tod
Im viel zu engen Mieder.

Die Gattin zeigt der ganzen Welt:
Die Frau - wenn sie modern ist -
Tut einzig das, was ihr gefällt,
Auch wenn die Jugend fern ist.

Dem Gatten allerdings wär's recht,
Sie wäre etwas leiser.
Er fänd' auch ihren Kopf nicht schlecht,
Statt knallrot weiss - und weiser!

Natürlich kann sie heut' noch tun,
Was er einst so bewundert,
Doch and'rseits: das wilde Huhn
Wird immerhin bald Hundert!

Im schönsten Wiesengrunde

Die Blattlausdame Kunigund -
Dank guter Nahrung kugelrund -
Die hatte leider auf dem Blatt
Ihr Blattlausleben gründlich satt.
Sie kokettierte mit der Wiese,
Verliess ihr Blatt und stieg in diese.
Vergnügt erging sie sich im Grase,
Da - ausgerechnet - kam ein Hase,
Der war - im Übrigen hiess er Flocky -
Vom vielen Hoppeln total grocky,
Drum strebte er nach einem Päus'chen,
Setzt sich, o je, direkt auf's Läus'chen!
Da war das Fräulein Kunigund,
In Windeseile nicht mehr rund.
Im Gegenteil, seitdem kommt's vor,
Dass der gemischte Blattlaus Chor,
Am Jahres-Ungezieferfest
Voll Inbrunst dies erschallen lässt:
„Im schönsten Wiesengrunde,
Da liegt die **P**lattlaus Kunigunde!"

Urania und Co.

Die wahren Künstler brauchen Musen,
Mit Locken blond, mit prallem Busen.
Mit weichen, vollen, feuchten Lippen -
(Ob diese Damen auch mal strippen,
Entzieht sich völlig meiner Kenntnis,
Ich hab' kein einziges Geständnis
Von irgendeiner solchen Tussi.)
Nun, wichtig ist eh nur das Bussi,
Das sie dem genialen Meister -
Am Besten hält es mit viel Kleister -
Auf Stirne oder Wange kleben.
Denn nach dem Kuss kann der entschweben,
In himmelhohe, blaue Spähren,
Um dort die Kunst dann zu gebären.
Das alles ist ganz wunderbar,
Bloss eins ist mir dabei nicht klar:
Im Fall, dass *ich* ein Künstler bin,
Bin ich doch eine Künstler*in!*
Ich bin nun mal, naturgemäss,
'ne Frau. Man sieht's auch am Gesäss.
Drum würde mich, ganz im Vertrauen,
Ein Kuss von Wunderbusenfrauen
Wahrhaft nicht in den Himmel heben,
Ich bliebe fest am Boden kleben.

Mein Geist bekäme keine Flügel,
Der hinge weiter schlaff am Bügel.
Der bräuchte, um dahinzugaukeln,
Auf Wolken des Genie's zu schaukeln,
Von einem starken Mann den Kuss,
Dann flöge er auf Pegasus -
Dem vielgerühmten, weissen Schimmel -
Ganz sicher in den Dichterhimmel!
Von dort aus würd' er sich nicht scheuen
Sein Genius in die Welt zu streuen.
Drum brauch' ich einen echten Mann,
Der richtig herzhaft küssen kann!
Wo bleibst du, Kerl? Ich brauche dich!
Komm her, und sei mein Muserich!

Engel der Nacht

Die Engel der Nacht
Sind wieder erwacht.
Kaum zu beschreiben
Was die alles treiben:
Sie baden, sie duschen,
Sie trippeln, sie huschen,
Sie lachen, sie winken,
Und wie sie sich schminken!
Die Wangen betupfen,
Die Flügelchen zupfen.
Sie machen sich schön,
Um in den Ausgang zu gehn.
Und weil dunkel die Nacht,
Ist jeder bedacht,
Sein Laternchen zu finden
Und es zu entzünden.
Dann brechen sie auf,
Und plötzlich - zuhauf -
Sieht der Mensch ein Gewimmel
Von Lichtern am Himmel,
Denn die Engel der Nacht
Sind wieder erwacht!
Sie gehen spazieren,
Promenieren, flanieren,
Und jeder von ihnen trägt seine Laterne,
Und wir Menschen, wir freuen uns über die Sterne!

Freiheit die ich meine

Am Nacktstrand, all die Nackten,
Die brauchen keine Akten,
Papiere oder Mappen.
Die brauchen höchstens Schlappen,
Damit sie nicht die Sohlen
Im heissen Sand verkohlen.
Doch oberhalb der Flossen -
So wurde es beschlossen -
Soll nichts die Haut berühren,
Du sollst die Freiheit spüren!
Einmal sollst du im Leben,
Der Freiheit dich ergeben.
Frei sein von allen Zwängen,
Nichts soll dich ein mehr engen,
Lass alle Stoffe sprengen,
Lass hängen, hängen, hängen!
Oh, öffne alle Türchen,
Nicht mal ein Tangaschnürchen
Soll irgendwas bedecken.
Wenn andere auch erschrecken,
Dich soll das nicht berühren,
Du sollst die Freiheit spüren!
Oh, lass in Freiheit wippen,
Was oberhalb der Rippen.

Was unterhalb der Hüften,
Das lasse endlich lüften.
Wie frei wirst du dich fühlen,
Dann erst beim Ping-Pong spielen,
Wenn Bällchen, auch die Grossen,
An keine Grenzen stossen!
Lass Schenkel, Busen, Hüften
Nach allen Seiten driften.
Geh strampeln in den Wellen,
Lass alles überquellen,
Lass dich vom Meer liebkosen,
Ganz ohne Badehosen.
Befreit von Gummizügen,
Befreit von allen Lügen.
Einmal in all' den Jahren,
Die Wahrheit offenbaren!
Einmal sollst du im Leben,
Der Freiheit dich ergeben.
Nackt schwimmen, laufen, strampeln,
Let's wippen, swingen, bambeln!
Ja, dort, umweht von Winden,
Wirst du dich endlich finden!

Kraft durch Freude

Was jeder längst schon ahnt:
Wenn ein Baby zahnt,
Braucht nicht nur das Baby Kraft,
Sondern auch die Nachbarschaft!

Rentenente

Direkt vor unserer Rentnerkasse,
Steht eine Entenfrau,
Stockente oder sonst 'ne Rasse,
Ich weiss das nicht genau.

Total in Rage ist die Ente,
Man sieht auch ein, warum,
Denn man verweigert ihr die Rente,
Man hält sie wohl für dumm!

Die Ente war stets schrecklich fleissig,
Sie schuftete sehr schwer,
Und jetzt - mit zweimal Zweiunddreissig -
Muss doch die Rente her!

Die Ente war 'ne Ballerina,
Mit federleichtem Schritt,
Einmal flog sie sogar nach China
Für einen Gastauftritt.

Die Ente tanzte Schwäne, Feen,
Und zwar Jahrzehnte lang,
Man kann es heut' noch deutlich sehen
An ihrem Watschelgang.

Sie wollte sich nun still und leise
Zurückziehn von der Welt,
An's Neckarufer, Oder Neisse,
Doch dafür braucht sie Geld.

Ach, was erleidet sie für Qualen,
Die arme Entenfrau!
Man will die Rente ihr nicht zahlen,
Man spricht von Rentenklau,

Von nicht vorhandenen Reserven,
Von Gold, das eingestampft.
Der Ente reissen nun die Nerven,
Ihr Herz ist ganz verkrampft.

Sie quakt verzweifelt: „Scheisse, Scheisse!"
In ihrer grossen Not,
Sie watschelt rum und rum im Kreise,
Dann fällt sie um, ganz tot.

Ich wache auf, in Schweiss gebadet,
Stell aber fest: der schlimme Traum
Hat mir ansonsten nicht geschadet,
Ich leb' noch - ohne Flaum.

Ja, ja, die Story von der Ente,
Die träumte ich in jener Nacht,
Bevor die Post mir meine Rente
Zum ersten Mal gebracht!

Katerliebe

Mein Kater ist ein schönes Tier,
Wir lieben ihn von Herzen.
Mein Sofa war auch mal sehr schön.
Nun ja, man kann's verschmerzen.

Mein Kater klettert schrecklich gern.
Er spielt auch gerne Fangen.
Ich kaufe jeden Monat Stoff
Für meine Vorhangstangen.

Mein Kater ist ein Champion,
Geht es um's Krallen wetzen.
Mein Perserteppich macht sich gut
In kleinen, bunten Fetzen.

Mein Katerchen hat ziemlich oft
Die „Fensterkratz-Epoche."
Ich kenn' den Glasermeister gut,
Er kommt zweimal die Woche.

Mein Kater sorgt für Umweltschutz,
Mein Kater ist ein Grüner,
Drum lehnt er Dosenfutter ab
Und isst nur frische Hühner.

Er fängt - riecht er ein frisches Huhn -
Vor Freude an zu sabbern.
Mein Mann darf dann zum Abendbrot
Noch an den Knochen knabbern.

Mein Kater liebt das Ehebett,
Er hat so seine Moden.
Mein Gatte schläft nicht mal so schlecht
Auf unserem Teppichboden.

Mein Kater möcht' um drei Uhr früh
Am frischen Hühnchen kauen.
Wir merken das oft ziemlich schnell,
Er kann sehr laut miauen.

Mein Kater ist der Haustyrann
Den wir von Herzen lieben,
Drum werden wir das Halsumdreh'n
Auch weiterhin verschieben!

Ein Liebesgedicht

Die Stadt hat Falten im Gesicht
Wie ein zerknautschter Mops,
Und auch die Bäume steh'n herum,
Als wär'n sie lauter Flops.

Die alten Gassen krümmen sich
Als hätten sie die Gicht,
Und aus den Strassenlampen linst
Ein trübes Pfunzellicht.

Einst liebte ich die Stadt doch sehr -
Sie war stets so auf Zack-
Doch seit du weg bist, hockt sie da
Wie ein Kartoffelsack!

Die Lebensmüde

Die alte Mutti klagt tagtäglich:
„Ich fühle mich unsäglich kläglich.
So schrecklich alt sein, das ist bitter,
Ich fürchte mich nicht vor dem Schnitter,
Ich wäre froh, wenn er bald käme
Und mich in seine Arme nähme.
Ich hoff', er hat mich nicht vergessen!
Ich sollte vielleicht nichts mehr essen?
Ganz ohne Nahrung auf dem Teller,
Käm' eventuell der Schnitter schneller!
Ich bin doch echt zu nichts mehr nütze,
Wie eine ausrangierte Mütze!
Ich will jetzt wirklich endlich sterben,
Das wär' auch besser für die Erben."
Da, grade, läutet 's Telefon,
Am andern Ende fragt der Sohn:
„Mama, ich komme dich besuchen,
Was möchtest du für einen Kuchen?"
Da sagt die lebensmüde Mutter:
„Bring bitte einen mit viel Butter,
Denn Butter sei - las ich grad heute -
Total gesund für alte Leute."

Schönheitschirurgie 1

Die Brüste sind jetzt mächtiger,
Das Bankkonto viel schmächtiger.
Der Gatte schaut und wird stets blässer -
Er fand es andersrum echt besser!

Von Zwergen und Gummibäumen

Ich sehne mich so sehr nach dir,
Will deine Stimme hören,
Denn deine Stimme wird, wie stets,
Die Sinne mir betören.

Ich ruf' dich an, ich werde dir
Von Liebe viel erzählen!
Ich lauf' beschwingt ans Telefon,
Dein Nümmerchen zu wählen.

Gleich werd' ich in dein hübsches Ohr
Dir Liebesworte flüstern,
Poetisch, zärtlich, expressiv
Und eventuell auch lüstern.

Jetzt setzt bei dir das Klingeln ein,
Mein Herz ist laut am Klopfen.
Der Gummibaum dort auf dem Tisch
Braucht ein paar Wassertropfen.

Ach bitte, Liebling, geh' schnell dran,
Ich kann es kaum erwarten.
Ich steh' am Fenster und ich seh'
Den Gartenzwerg im Garten.

Im Schwarzwald hab' ich ihn gekauft,
Er ist doch einfach niedlich,
Wenn alle wären so wie er,
Wär's auf der Welt sehr friedlich.

Warum hörst du, mein lieber Schatz,
Denn nicht das Klingelzeichen?
Man müsste unbedingt vom Zwerg
Die Zipfelmütze streichen.

Die Farbe ist schon ganz verblasst.
Nun geh schon dran, mein Engel!
Die schwere Rose dort beim Zwerg
Hat einen dünnen Stengel.

Ach Schatz, ich liebe dich so sehr,
Geh endlich an die Strippe!
Die Blätter von dem Gummibaum
Sind ziemlich auf der Kippe.

Die Rose schneid' ich morgen ab, -
Nun geh' schon dran, mein Häschen! -
Sie macht sich sicherlich sehr hübsch
In einem Einstiel-Väschen.

Du gehst nicht dran, was ist denn los?
Läuft eventuell die Brause?
Ja, oder bist du vielleicht gar
So spät nachts nicht zuhause?

Vergnügst du dich, mein lieber Freund
In fremden Lotterbetten?
Ich fürchte fast, der Gummibaum
Ist wohl kaum noch zu retten.

Dass du mich schamlos hintergehst,
Werd' ich nicht akzeptieren,
Ich werd' dein Weiberheldgesicht
Mit Veilchen tapezieren!

Die Haustürglocke läutet schrill,
Das bringt mich echt zum Fluchen,
Wer will, um alles in der Welt,
Mich noch so spät besuchen?

Du stehst mit einer Flasche Wein
Direkt vor meiner Schwelle,
Ich aber lauf zur Küche schnell
Und hol' die Suppenkelle.

Du sagst, die Sehnsucht hätte dir
Nach mir das Herz zerrissen.
Das aber interessiert mich nicht,
Ich will was anderes wissen:

Wo treibst du dich so spät herum,
Du machst wohl eine Sause?
Ich rufe ständig bei dir an
Doch du bist nicht zuhause.

Mit wem betrügst du mich, mein Freund?
Nun sag schon, und sei ehrlich,
Denn wenn du lügst, dann gnad' dir Gott,
Dann werde ich gefährlich!

Jetzt glotz' mich nicht so blöde an!
Ja, geh' schon, zieh' von dannen!
Ich brauche dich nicht für mein Glück,
Es gibt noch andere Mannen!

Zum Beispiel dort der Gartenzwerg
Mit seinem lieben Lächeln,
Der würde nie, nicht mal im Traum
Nach anderen Frauen hecheln!

Nun hau schon ab, der kleine Mann,
Der wird dich voll ersetzen,
Und ausserdem kann ich mit ihm
In schwäbisch' Mundart schwätzen!

(Das war das allerletzte Mal,
Dass ich den Kerl getroffen.
Die Flasche Wein liess er bei mir,
Ich war recht schnell besoffen.

Und auch der Topf vom Gummibaum
War noch zu etwas nütze,
Die Beule schmerzte ihn noch lang -
Ich bin ein guter Schütze!)

www.napoleon.fr

Napoleon ist schlecht gelaunt,
Was weiter nicht so sehr erstaunt,
Er sehnt sich auf der Schlacht unendlich
Nach Désirée, was ja verständlich.
Und plötzlich seufzt Napoleon:
„Ach, gäb's doch schon das Telefon!
Dann könnt' ich ihre Stimme hören,
Durch's Kabel ihr die Liebe schwören.
Es wäre ganz besonders geil,
Gäb's schon das Telefon mobeil!
Und hätte dann mein süsses Mädchen,
Auch so ein kleines Apparätchen,
Wär' auch die Schreiberei kein Stress,
Das ginge - zack - per SMS.
Man könnte sich an allen Tagen,
Vokabeln durch den Äther jagen,
Mal zärtlich oder auch mal brünstig -
(Ich glaub, die Tele-France ist günstig!
Wenn nicht, dann kriegt der Firmenboss,
In seinen Hintern ein Geschoss!)
Wär' ich dann mal beim Säbelrasseln,
Könnt' Daisy auf die Combox quasseln.
Gespeichert hätt' ich dann die Stimme,
Die ich so liebe - bloss, das Schlimme -"
Man sieht den Näppi plötzlich stocken,
Er zupft die nicht vorhandenen Locken -

„Was wäre, wenn beim Feindumzingeln,
Auf einmal würd' mein Handy klingeln?
Der Feind würd' erst mal sehr erschrecken,
Sich hinter Hecken dann verstecken.
Er würd' erst in die Hosen machen,
Und sich danach ins Fäustchen lachen.
Die ganze Welt tät' mich verhöhnen,
Ist das ein Trottel! Würd' es tönen!
Wie stehe ich bloss da, oh Himmel,
Nur wegen diesem Scheissgebimmel!?"
Und plötzlich brüllt der Bonaparte:
„Die Handys - mit und ohne Karte -
Verbiete ich ab heute streng!
Zuwiderhandlung wird - pengpeng!
Mit Todesstrafe dann quittiert!
Kapiert?" Er brüllt und salutiert.
Dann setzt er sich erregt zum Essen.
Der dumme Kerl hat ganz vergessen:
Er könnte, statt herumzubellen,
Sein Handy auch auf „lautlos" stellen!

Mareinchen

„Ich bitt' um die Hand ihrer Tochter Marein",
Sprach der Bräutigam zu dem Herrn Finke.
Finke fragte: „Na, welche darf es denn sein,
Die Rechte oder die Linke?"

Das hatte der Bräutigam nicht überlegt,
Und er konnte sich gar nicht entscheiden.
Nach langem Studieren, da fragt er erregt:
„Na, wie wäre es mit allen beiden?"

Da sagte Herr Finke: „Nun sei'n sie kulant!
Ich gehöre schon bald zu den Alten!
Da brauch' ich im Haushalt 'ne tüchtige Hand,
Darum möchte ich eine behalten!"

Der Bräutigam - nun - er verstand diese Sicht,
Obwohl sie ihn wirklich nicht freute,
Denn entscheiden, das konnte er sich einfach nicht!
Und Mareinchen blieb Jungfrau - bis heute.

Noch ein Liebesgedicht

Eisblumen blüh'n am Himmel,
Und auf dem Mond liegt Schnee,
Auf marmorweissem Schimmel
Regiert die Winterfee.

Sie zuckert ohne Gnade
Den Berg, das Tal, die See,
Am Flusse die Gestade.
Auch auf dem Mond liegt Schnee.

Das All erstarrt in Kälte,
Die Fee ist leicht pikiert:
Sie kriegt vom Petrus Schelte,
Weil er so schrecklich friert.

Sogar die Engel frieren,
Denn auf dem Mond liegt Schnee.
Petrus muss investieren
In ganz viel heissen Tee.

Und unten auf der Erde,
Da hoffen Mensch und Tier,
Dass es bald Frühling werde,
Bevor die Welt erfrier'.

Und ich? Ich muss nicht frieren,
Mir ist so wohlig warm,
Denn ich, ich geh' spazieren,
Und zwar an deinem Arm!

Erfahrung

Die Liebe flieht auf schnellen Socken
Wenn zwei zuviel zusammenhocken!

Anteilnahme

Ich treffe Frau Kunze,
Ich frage: „Wie geht's?"
Sie sagt: ‚Gar nicht gut,
Sie hätt' Rheuma wie stets.

Auch die Gicht quäle sie,
Alles täte ihr weh,
Besonders die Füsse.'
Ich sage: „O je."

‚Ihr Hallux sei manchmal
So dick wie ein Ei,
Sie müsse stets humpeln.'
Ich sage: „O wei."

‚Zu tief sei ihr Blutdruck,
Drum sei sie so blass,
Und immer ganz müde.'
Ich sage: „Ach was."

‚Ihre Knie, alle beide,
Sei'n eh nur noch Schrott.'
Sie hebt ihren Rock und
Ich sage:"O Gott."

,Sie könne kaum schlafen,
Drum sei sie so schwach.
Ihr Mann würde schnarchen!'
Ich sage: „Ach, ach."

,Das Alter' - so meint sie -
Speziell für die Frau,
Sei wirklich kein Zucker!'
Ich sage: „Genau."

Dann gibt mir Frau Kunze
Zum Abschied die Hand,
Und sagt, mit mir plaudern
Sei stets interessant.

Und auch zu erfahren,
Wie's um mich so steht,
Hätte sie sehr gefreut,
Sagt sie noch, eh sie geht.

Sie macht ein paar Schritte
Hält dann aber an,
Und ruft: „Liebe Grüsse
Auch an ihren Mann!"

Ich sage verdattert:
„Ich richte es aus!"
Doch ich hab' eigentlich gar keinen
Gatten zuhaus!

Miezen

Wenn einer einen Kater hat,
Fühlt er sich elend, mies und matt.
Hat er ein Kätzchen andrerseits,
Ist das für ihn von grösstem Reiz.

... *und noch ein Liebesgedicht*

Das Krächzen der Krähen
Hat heut' einen Klang,
Als wäre es himmlischer
Engelsgesang.

Das Plärren des Babys
Vom Nachbarschaftshaus,
Umschmeichelt mich heut'
Wie ein Walzer von Strauss.

Das Brausen und Dröhnen
Des Strassenverkehrs,
Tönt heute so schön
Wie das Rauschen des Meer's.

Das Quietschen und Ächzen
Vom Grossvaterstuhl,
Klingt heute echt herrlich,
So sexy und cool.

Heut' klingt alles himmlisch,
Der Krach, der Betrieb,
Denn du sagtest heute,
Du hättest mich lieb!

Speck, das war sein letztes Wort

Die Made sagt zum Speck:
„Ich gehe kurz mal weg,
Ein wenig promenieren,
Die Muskeln aktivieren,
Dann sind sie wieder straff,
Statt schlaff."
So also sprach die Made
Und ging. Doch da gerade,
Erschien die Maus Cecilie
Mit ihrer Grossfamilie.
Die sah den Speck und sprach: „Wie nett,
Das gibt ein tolles Festbankett,
Stürzt euch auf diesen Leckerbissen,
Dann geht's uns nicht mehr so beschissen,
Dann sind wir wieder dick und satt,
Statt platt."
Da stürzten sie sich auf den Speck,
Sie putzten ratzekahl ihn weg,
Dann sah man sie nachhause rugeln,
Rund wie Kugeln.
Als nun die Made wiederkam,
Da füllte sich ihr Herz mit Gram:
Verschwunden war nicht nur ihr Speck,
Auch ihre Freunde waren weg,
Nur leere Stellen,
Statt Salmonellen!

Das war ein wirklich grosses Leid,
Für unsere kleine Maden-Maid.
Ein Tränchen hing an ihrem Lid,
Sie dachte gar an Suizid,
Doch wusste sie nicht recht, womit,
Drum lenkte sie nun ihren Schritt
In eine andere Richtung,
In eines Waldes Lichtung.
Sie wusste, dass am Waldesrand
Ein Lebensmittelladen stand,
Mit einer Fleischerei
Dabei.
Als sie beim Fleischer angelangt,
Hat sie ein Stückchen Speck verlangt,
Für einen Euro zwanzig,
Und: „Bitte, möglichst ranzig."
Der Fleischer packte ins Gepäck
Der Made ein Stück Bio-Speck,
Und schwor, der sei total Natur,
Von Chemikalien keine Spur,
Drum sei er auch hochgradig,
Madig.
Da hatte unsere Made Schwein!
Sie kroch tief in den Speck hinein,
Sie tat sich an ihm gütlich,
Sie hatte es gemütlich,
Sie diente wahrlich ihrem Zweck:
Sie sass ihr Leben lang im Speck.

Es ging ihr gut, bis irgendwann,
Dann zu ihr kam der Sensemann.
Der holte sie ins Schattenreich,
Und dort nun - einem Engel gleich -
Spielt unsere kleine Larve,
Harfe.

Die Fütterung

Wenn Pappi aus der Arbeit kommt,
Dann geht er in die Küche prompt,
Macht sich sogleich am Herd zu schaffen,
An Töpfen, Tellern und Karaffen.
Man merkt: er kocht für seine Lieben,
Mit Frau und Oma sind es sieben.
Die warten ruhig und geduldig -
Das sind sie dem Papa wohl schuldig.
Er hat ja, wie sie alle wissen,
Den ganzen Tag schon schuften müssen!
Drum warten sie ganz unerschüttert
Darauf, dass er sie endlich füttert
Mit seinen selbstgekochten Sachen.
Natürlich könnt's Mama auch machen,
Doch dass *er's* tut, ist einfach fairer,
Er ist ja schliesslich der Ernährer!

Die Haselnuss

Frau Krause sitzt im Autobus
Und knabbert eine Haselnuss,
Denn Nüsse seien sehr gesund,
Sie gäbe sie auch ihrem Hund,
Sagt sie zu mir, drum wäre der
So regsam, fit und familiär.
Sie seien beide nun schon alt,
Doch dank der Nüsse Fettgehalt
Sei sie so schwungvoll, jung und flink.
Drum trage sie auch wieder Pink.
Sie fühle neue Lebenskraft,
Auch er sei wieder voll im Saft.
(Sie meint natürlich Julius,
Den Dackel mit der Haselnuss.)
Er fresse oft den ganzen Sack,
Sehr günstig sei das Multipack.
Dann hält der Bus und sie steht auf,
Sehr mühsam, denn ihr fehlt der Schnauf.
Sie stützt sich schwer auf ihren Stock,
Doch der verheddert sich im Rock,
Sie stolpert und fällt auf den Po.
Ein Mann, der dasteht, sagt: „O,o."
Ein anderer eilt schnell zu ihr hin
Und will sie hochzieh'n, ohne Sinn.

Sie ist zu dick und ungestalt,
Wohl durch der Nüsse Fettgehalt.
Und unterm Sitz schnarcht Julius,
Froh, dass er noch nicht aufsteh'n muss.
Er fühlt sich besser, wenn er liegt,
Man sieht dann nicht so, was er wiegt!
Frau Krause noch am Boden sitzt,
Sie ist zu dick, sie keucht und schwitzt.
Die Leute zerren an ihr rum,
Man stösst und schubst, doch - ach, wie dumm -
Sie kommt nicht hoch, sie ist zu schwer.
Der Fahrer nun vom Bus eilt her,
Er brummt verdriesslich: „Lieber Schwan,
Ich glaub', da hilft nur noch ein Kran."
Das halten alle für gewitzt,
Das Dach vom Bus wird aufgeschlitzt,
Der Kran taucht in den Bus hinein,
Und packt Frau Krause's rechtes Bein,
Er zieht sie aus dem Bus hinaus,
Man spendet kräftigen Applaus.
Die Fahrt kann endlich weiter gehn,
Man kann Frau Krause baumeln seh'n
Dort, in der lauen Abendluft,
In ihrer rosaroten Kluft.
Und alle, die nach oben schau'n,
Die können kaum den Augen trau'n.
Sie rufen:"Schaut mal, dort am Kran,
Dort hängt ein Schwein aus Marzipan!"

Die ganze Stadt vor Freude bebt,
Weil über ihr ein Glücksschwein schwebt.
Und auch Frau Krause fühlt sich toll,
Sie baumelt dort ganz ohne Groll,
Sie rettete das Multipack,
Nun macht es unaufhörlich: „Knack!"
Sie knabbert glücklich Nuss um Nuss.
Im Bus schnarcht selig Julius,
Froh, dass man ihn vergessen hat,
Er hat die Haselnüsse satt!
Er träumt von einem Schweinskottlett,
Von Würsten, rund und dick und fett,
Er hofft, dass Frauchen unumschränkt,
Und ewig dort als Glücksschwein hängt!

Frühjahrsputz

Wenn Frauen frühjahrsputzen,
Ist das von grossem Nutzen.
Wenn Männer dazu neigen ...
Nun wollen wir gemeinsam schweigen!

Edeltraud

Oh Edeltraud, oh Edeltraud,
Wie warst so edel du gebaut,
So voller toller Kurven.
Die Beine lang und adernfrei -
(Und davon gab es erst noch zwei!)
Die Engel spielten Hurfen!

Oh Edeltraud, oh Edeltraud,
Wie hast so edel du geschaut,
Als wir die Knödel assen.
Du wusstest, wie du mich betörst,
Und wusstest gleichfalls, du gehörst
Nicht zu den braven Hasen.

Oh Edeltraud, oh Edeltraud,
Unedel hast du mich beklaut,
Was war ich für ein Laie!
Denn ich schlief ein, du schlichest weg,
Als ich erwachte, dann der Schreck,
Ich krieg's kaum auf die Reihe.

Oh Edeltraud, oh Edeltraud,
Wie ist mein Schädel schnell ergraut
Nach diesem Abenteuer.
Ich kann - rückt man's ins rechte Licht -
Was mir verlustig ging, ja nicht
Mal abziehn von der Steuer.

Oh Edeltraud, oh Edeltraud,
Dass sich ein Mädel das getraut
Zerreisst mir schier den Zügel!
Es wäre wohl vernünftig sehr,
Ich kletterte zukünftig mehr
Auf etwas flachere Hügel.

Oh Edeltraud, oh Edeltraud,
Du ganz, ganz schlimme Knödelbraut,
Du hast mich echt erledigt.
Ich krieg' jetzt nebst dem Rentenklau,
Bestimmt auch noch von meiner Frau
'ne saftgespickte Predigt!

Freunde

Mein Weisheitszahn, der mag es nicht,
Das Leben ohne Tageslicht.
Vorgestern ziemlich schief er stand,
Heut klopft er an die Kieferwand.
Er möchte raus, ich kann's versteh'n,
Er will auch mal was anderes seh'n.
Und ich sinniere vor mich hin:
Das Alter hat auch seinen Sinn,
Man lernt den Zahnarzt besser kennen!
Ich kann mich kaum noch von ihm trennen.
Bald werd' ich ihm das „Du" anbieten,
Ihn eventuell gar dauermieten.
Und überhaupt, in letzter Zeit -
Merk' ich bei der Gelegenheit -
Gehört so mancher Gott in Weiss,
Zu meinem engsten Freundeskreis!

Das Sumpfhuhn

Ein Sumpfhuhn und ein Sumpfhahn,
Die waren mal ein Paar.
Sie waren auch sehr glücklich,
Es dauerte ein Jahr.

Doch nach dem Jahr, da merkte
Der Sumpfhahn, dieser Schuft:
Die Liebe zu dem Sumpfhuhn
War irgendwie verpufft.

Er spreizte seine Federn,
Er spreizte seinen Kamm,
Und krähte: „Wer ein Hahn ist,
Braucht einen Hühner*stamm,*

Und nicht nur *eine* Henne,
Das ist ja fast ein Witz,
Und überhaupt sehr spiessig,
Und nichts als Kinkerlitz!"

Von nun an hat der Sumpfhahn
So richtig aufgetrumpft,
Und ist mit vielen Hühnern
Fast jede Nacht versumpft.

Das Herz der Ex-Geliebten,
Wand sich in tiefer Pein,
Es wurde immer kälter,
Es wurde hart wie Stein.

Es sann auf bittere Rache,
Es kannte kein Pardon,
Es wurde langsam sauer
Fast wie ein Cornichon.

Es wollte nur noch eines,
Bar jeglicher Vernunft -
Es wollte, dass der Sumpfhahn
Im tiefen Sumpf versumpft!

Und zwar so unerbittlich,
Dass er darin ersäuft,
Und demzufolge nicht mehr
Nach andern Hühnern läuft.

Natürlich kam's ganz anders,
Man ahnt es jetzt schon dumpf:
Es war das Sumpfhuhn selber,
Das dann versumpft im Sumpf.

Wahrscheinlich wog das Steinherz,
Ganz einfach viel zu schwer,
Es zog das Sumpfhuhn runter,
Ins eigene Rachemeer.

Und zog es immer tiefer
Und tiefer in den Sumpf,
Bis es dann ganz versunken,
Samt Füssen, Kopf und Rumpf.

Der Sumpfhahn aber stellte
Noch vielen Hennen nach,
Bis er vor lauter Gockeln
Sich dann den Hals mal brach.

Tinti

Die Nachbarn kommen zu Besuch
Mit Tinti, ihrem Haustier.
Für Tinti ist das gar nicht gut,
Denn Tinti darf nicht raus hier.

Die Wohnung von den Nachbarn liegt
An einer grossen Strasse,
Da flitzen Autos und auch Trams
Vorbei im Übermasse.

Wenn Tinti unters Auto käm'
Würd' ihn das glatt zerfetzen,
Drum wird er eingesperrt, er darf
Sich bloss auf's Sofa setzen.

Die Nachbarn unterhalten sich,
Sie haben keine Eile,
Was Tinti heute kennenlernt,
Das ist die Langeweile.

Dann endlich ist genug geschwatzt,
Man will nachhause gehen,
Tinti springt runter von der Couch,
Da können's alle sehen:

Da wo Klein-Tinti grad noch sass,
Sind jetzt zwei blaue Flecken!
Die Couch-Besitzerin erstarrt
Und wird ganz bleich vor Schrecken.

Und Tinti's Frauchen sagt zerknirscht:
„Es tut mit Leid, Frau Steiner,
Doch unser kleiner Tintenfisch
Ist noch kein Stubenreiner!"

Sandmännchen

Ich lege mich sehr früh auf's Ohr:
'ne Premiere steht bevor!
Ein tiefer Schlaf ist nun vonnöten,
Sonst geht die Premiere flöten.
Ich freu' mich wirklich sehr darauf.
Ich mache noch das Fenster auf,
Denn frische Luft muss einfach sein -
Nun sink' ich in die Kissen rein,
Und fühl' auch prompt: Sandmännchen naht,
Der Sack mit Kies ist auch parat.
Schon fühl' ich meine Lider flattern,
Da fängt ein Motor an zu knattern!
Sandmännchen läuft erschreckt von dannen,
Vor'm Fenster schimpfen laut zwei Mannen:
Der Motor will nicht richtig laufen,
Wahrscheinlich ist er am Ersaufen!
Ich mach das Fenster wieder zu,
Ich brauche dringend meine Ruh'.
Da seh' ich auch Sandmännchen wieder,
Es kniet vor meinem Lager nieder,
Es hält ein Sieb in seiner Hand,
Und siebt den Kies zu feinem Sand.
Mit Streuen will es jetzt beginnen,
Da rasselt plötzlich wie von Sinnen

Der Wecker neben meinem Bett,
Die Automatik spinnt komplett!
Sandmännchen - kopfvoran - vor Schrecken
Stürzt in den Sandsack und bleibt stecken!
Das schadet meiner Karriere,
Denn morgen ist die Premiere,
Und ich muss ausgeschlafen sein!
Ich zerr' es aus dem Sack am Bein,
Und fauch: „Mach endlich deinen Job,
Sonst wird die Vorstellung ein Flop!"
Da merkt man, dass der kleine Mann
Auch fürchterlich erzürnt sein kann:
„Ich brauch' für meine Arbeit Ruh',
Du blöde Kuh", zischt er mir zu,
„Jedoch bei dir - mir kocht die Galle -
Geht's zu wie in der Bahnhofshalle!
Und wenn ich trotzdem nochmals siebe,
Dann nur, weil ich s'Theater liebe!"
Es steckt die Hand in seinen Sack
Und will beginnen - aber - Zack!
Ein Krampf durchzuckt mein Wadenbein -
Oh Himmel nochmal, welche Pein!
Der Schmerz an meiner Wade rüttelt,
Mein ganzer Leib wird durchgeschüttelt!
Sandmännchen fliegt so schnell vom Bett,
Als wäre es ein Düsenjet.
Da höre ich es auch schon fluchen,
Es käme mich nie mehr besuchen!

Bei mir sei's wie im Irrenhaus,
Dann rennt's erbost zur Tür hinaus!
Mich aber sieht man mühsam kämpfen
Die ganze Nacht mit Wadenkrämpfen!
Und in der Zeitung kann man lesen:
Frau Kolb sei gar nicht gut gewesen!
Sie spiele mit 'ner Attitüde,
Als sei sie irgendwie sehr müde,
Sie sei auch viel zu blass geschminkt,
Und hätte ausserdem gehinkt!
Ob sie - fragt sich der Journalist -
Vielleicht zu alt geworden ist?
Ich werd' ihn, dafür kann ich bürgen,
Beim nächsten Treffen dann erwürgen!
Der Kerl mit seinen Sandsacktüten,
Der sollte sich auch vor mir hüten!
Denn wenn ich diesen Schuft erwische,
Dann wird er Futter für die Fische,
Ich schmeisse ihn in einen Fluss,
Dann ist mit dem Gestreue Schluss!
Der Sandsack zieht ihn ganz schnell runter,
Zu Karpfen, Zander oder Flunder!

Ein Duett

Reissverschluss

Sie:
Ich liebe dich, ich liebe dich,
Komm, gib mir einen Kuss.
Und öffne mir, o, öffne mir
Ganz schnell den Reissverschluss!

Er:
Ich lieb dich auch, ich lieb dich auch,
Gern folg ich deinem Ruf,
Und öffne deinen Reissverschluss:
Zeig dich, wie Gott dich schuf!

Sie:
In mir brennt eine Leidenschaft
Wie ich sie nie erlebt!
Wenn ich dich anschau, fühle ich:
Die ganze Erde bebt!

Er:
Komm dreh dich um, o, dreh dich um,
Du herrlich wildes Weib,
Lass mich an deinen Reissverschluss,
Ich will ihn, deinen Leib!

Sie:
Ich schenk dir gerne meinen Leib,
Du wundervoller Hecht.
Doch öffne erst den Reissverschluss
Sonst geht das alles schlecht!

Er:
Ich bin erregt, mein Blut das rauscht
Fast wie ein wilder Fluss.
Doch irgendetwas stimmt nicht ganz
Mit diesem Reissverschluss!

Sie:
Ich habe niemals einen Mann
So sehr wie dich begehrt!
Du musst von oben runterziehn
Und doch nicht umgekehrt!

Er:
Du hast, wie keine andre Frau
Die Sinne mir betört.
Ich ziehe doch nicht umgekehrt,
Ich bin doch nicht gestört!

Sie:
Heiss brennt in mir die Leidenschaft,
Ich bin für dich bereit!
Was fummelst du da hinten rum?
Jetzt öffne schon das Kleid!

Er:
Ich gäbe mich so gerne hin,
Ganz frei und ungehemmt.
Doch leider klappt das nicht so recht,
Der Reissverschluss, der klemmt!

Sie:
Ich würfe mich so liebend gern
An deine Heldenbrust.
Doch wenn du jetzt nicht vorwärts machst,
Vergeht mir bald die Lust!

Er:
Ich kann doch wirklich nichts dafür,
Das blöde Scheissding klemmt!
Drin steckt bestimmt ein Stückchen Stoff
Von deinem Unterhemd!

Sie:
Ich trage gar kein Unterhemd,
Ich bin doch nicht so spröd.
Viel eher glaube ich, mein Freund,
Du bist ganz schlicht zu blöd!

Er:
Ich bin nicht blöd, im Gegenteil,
Ich bin rundum perfekt.
Blöd ist allein dein Reissverschluss,
Das Scheissding ist defekt!

Sie:
Mein Reissverschluss ist wunderbar.
Du bist zu schwach und schlapp!
Er:
Nun, ich erlöse dich von mir:
Ich haue nämlich ab!

Sie:
Am Besten nach Mendrisio
In die Ririfabrik!
Dort lernst du Reissverschlüsse ziehn
Und dann kommst du zurück,
Und öffnest diesen Reissverschluss,
Sonst steck' ich in dem Kleid,
Die ganze Nacht und schlimmer noch:
In aller Ewigkeit!

Küsse Schüsse Haselnüsse

Bei deinen Küssen
Geht's mir wie mit den Haselnüssen:
Reicht man mir *eine* zum Verzehr,
Steigt mein Begehr nach immer mehr!
Und so ist es mit deinen Küssen,
Die sind auch solche Leckerbissen,
Dass einen stets nach mehr gelüstet!
Das Einzige, was mich entrüstet,
Ist, dass du dabei so laut schmatzt,
Dass jedesmal das Weinglas platzt!
Du schmatzt so laut - bei jedem Kuss
Glaubt man an 'nen Revolverschuss!
Dann kommt die Kripo angedüst,
Will wissen, wer da um sich schiesst!
Und wenn ich dann erklären muss:
„Nein, das war kein Revolverschuss,
Das war ein Kuss von meinem Schwarm!"
Dann pfeife ich auf deinen Charme.
Dann wünsch' ich mir nichts als 'nen Mann,
Der ganz geräuschlos küssen kann!

Mahlzeit

Am Himmel steht das Abendrot,
Am Herd, da steht der Gatte,
Er kocht für sie ein Abendbrot
Wie sie noch keines hatte.

Die Gattin sitzt am Küchentisch,
Sie freut sich auf das Mampfen.
Sie fühlt sich ausgesprochen frisch,
Weil er heut' mal am Krampfen.

Er ist das Kochen nicht gewohnt,
Er kämpft mit kleineren Pannen.
Am Himmel steht diskret der Mond
Und leuchtet in die Pfannen.

Die Gattin sitzt ganz still am Tisch,
Sie will ihn ja nicht stressen.
Vielleicht gibt's Fleisch, vielleicht gibt's Fisch...
Vielleicht gibt's was zu essen.

Der Gatte kocht, der Gatte rührt
In immer neuen Pfannen,
Der Gatte rührt, der Gatte spürt:
Er kämpft mit grösseren Pannen!

Die Gattin gleitet unter'n Tisch,
Ihr Fleisch fiel von den Knochen.
Sie fühlte sich doch mal so frisch,
Doch das war vor drei Wochen.

Am Himmel steht das Abendrot,
Am Herd, da steht der Gatte.
Die Gattin liegt ganz dünn und tot
Am Boden auf der Matte.

Schönheitschirurgie 2

Die Frau, dank Schönheitschirurgie -
Man muss das anerkennen -
Kann heute schön sein wie noch nie,
Kaum wiederzuerkennen!

So kann's zum Beispiel durchaus sein -
Das ist oft zu erleben -
Dass aus zwei Hügeln, winzig klein,
Zwei Berge sich erheben.

Das ist zwar schön, doch leicht bizarr
Empfindet's der Besteiger:
Die Berge sind so steif und starr
Wie Jungfrau, Mönch und Eiger.

Die Sängerin

Sie holt tief Luft, die Frau,
Dann bläht sie ihre Brust,
Und jeder sieht genau,
Sie hat zum Singen Lust.

Man sieht es jetzt auch schon:
Ihr Kleid ist viel zu eng,
Und gleich beim ersten Ton,
Da macht es leise: Peng!

Die Bluse ist geplatzt,
Die Knöpfe spicken ab,
Der an der Geige patzt,
Der Dirigent macht schlapp.

Ein Knopf ins Aug' ihm spickt,
Er wird durchzuckt vom Schmerz,
Die Sängerin, die blickt
Beim Singen himmelwärts.

Der Dirigent kippt um,
Die Sängerin merkt's nicht.
Sie singt nun: „Bienchen summ."
Ihr B.H. ist sehr schlicht.

Sie spürt nur ganz latent,
Dass das Orchester schweigt,
Und dass der Dirigent
Sich Richtung Erde neigt.

Sie singt und singt und spuckt,
Beim allzu hohen C.
Des Maestro's Auge zuckt,
Der Knöchel tut ihm weh.

Er brach ihn sich beinah
Bei seinem tiefen Sturz.
Die Dame im B.H.
Wirkt irgendwie zu kurz,

Auch irgendwie zu breit,
Sie braucht mal n'e Diät.
Der Maestro tut uns leid.
Jetzt kommt die Sanität.

Die Sängerin, die singt,
Im B.H. wogt die Brust.
Der Dirigent, der hinkt
Er wirkt nicht mehr robust.

Man schleppt ihn aus dem Saal,
In seinem Knöchel sticht's,
Sie singt vom „Henkersmahl,"
Sie merkt von allem nichts.

Denn Singen macht ihr Lust,
Im B.H. wogt die Brust,
Sie hat vom ganzen Frust,
Bis heute nichts gewusst.

Noch heute steht sie da,
Und singt: „Lalalala!"
Ganz ohne Dirigent,
Ganz ohne Instrument,

Sie braucht das alles nicht,
Sie braucht das Rampenlicht,
Sie braucht die Singerei,
Der Rest ist Pimpelei!

Das edle Pferd

Sie war mit dem Prinzen weitläufig verwandt,
So etwas wie eine Cousine.
Der Prinz hörte oftmals, sie sei sehr charmant
Und sie spiele sogar Mandoline.

Der Prinz nahm sein Handy und rief sie dann an,
Er sagte, sie soll' ihn besuchen
Sie bekäme vom weltweit begehrtesten Mann,
Wenn sie käme, dann auch ein Stück Kuchen.

Da ritt die Cousine zum Prinzen auf's Schloss,
Und ihr Pferd war von edelster Rasse.
Der Prinz sah die Jungfrau, der Prinz sah das Ross
Und er wusste: das Ross, das hat Klasse!

Sie assen den Kuchen, dann küsste er sie,
Und er fühlte sich fast wie im Himmel.
Sein Begehren war gross, es war gross wie noch nie,
Doch es galt wohl viel eher dem Schimmel.

Er küsste die Frau, doch es zog ihn mit Macht
Zu dem Pferd mit der prächtigen Mähne.
Plötzlich lachte die Frau, und der Prinz hat gedacht:
„Das Ross hat auch schönere Zähne!"

Er sagte: „Cousine, ich will deinen Hengst,
Auf ihm kann ich mich gut entspannen.
Und wenn du ihn mir nicht ganz freiwillig schenkst,
Dann muss ich dich leider verbannen."

Da sagte die Kleine, sehr frech und sehr schnöd:
(Das war die moderne Erziehung)
„Meinen Hengst kriegst du nicht, ich bin doch nicht blöd,
Vergeblich ist deine Bemühung!"

Da schickte der Prinz - er war schliesslich der Boss -
Sie auf eine entlegene Insel.
Er stahl ihr die Unschuld, er stahl ihr das Ross,
Dafür gab er ihr Farbe und Pinsel.

Die Cousine nun malte, verbannt und in Schmach,
Viele Bilder, Motiv: Mandoline.
Und der Prinz nannte sie - wenn er mal von ihr sprach -
Immer nur: die „entfernte" Cousine.

Einzelgänger

Zusammen ist man nie allein,
Das stört mich am Zusammensein.

Die Wurst

Der Bauer zieht Pantoffeln an,
Und setzt sich in die Stube.
Vor ihm liegt eine lange Wurst
Und Senf in einer Tube.

Ein grosses Bier steht auf dem Tisch,
Das alles wirkt erlabend.
Die Kühe sind versorgt im Stall,
Er macht jetzt Feierabend.

Er spürt das herrlich kalte Bier
Die Kehle runter rinnen.
Der Bauer schaut zum Fenster raus
Und glaubt, er würde spinnen!

Ein riesengrosses Borstenvieh
Steht im Kartoffelacker!
Am Po trägt's einen kleinen Schwanz
Und im Gesicht zwei Hacker!

Die Äuglein von der wilden Sau,
Nicht eben freundlich blitzen.
Sie hat die Bockwurst im Visier,
Der Bauer kommt ins Schwitzen!

Die Wildsau schleicht zum Haus heran,
Sie hat die Wurst gewittert.
Der Bauer im Pantoffel spürt,
Wie er vor Angst erzittert!

Jetzt starrt das wilde Borstenvieh
Schon durch die Fensterscheibe.
Die Wurst ist nah! - Und vor dem Haus
Steht eine alte Eibe.

Die beiden starren sich nun an -
Wer kriegt die Wurst zu fassen?
Ein Huhn, das in der Nähe weilt,
Sieht, wie die zwei sich hassen.

Die Wildsau grunzt, der Bauer packt
Den Senf mitsamt der Tube,
Er stürzt in Richtung Borstenvieh,
Raus aus der guten Stube!

Er schraubt den Deckel ab und drückt:
Der Senf spritzt durch die Gegend!
Die Sau ergreift erschreckt die Flucht,
Sich in die Kurve legend.

Der Bauer aber hintendrein
Durch den Kartoffelacker!
Er fuchtelt mit dem Senf herum,
Mein Gott, was ist der wacker!

Er stolpert mühsam durch das Feld,
Er trägt noch die Pantoffeln.
Er schiesst den Senf um sich und er
Zertrampelt die Kartoffeln.

Trotz alledem, der Bauer schafft's -
Der Sieg gehört dem Wackern!
Die Sau flieht in den Wald, das Huhn
Hört man begeistert gackern!

Und seit er im Kartoffelfeld
In den Pantoffeln siegte,
Gilt er als: „Der Pantoffelheld,
Der doch die Wurst noch kriegte!"

Der Zeichner

Jürgen von Tomëi wurde in Basel zum Grafiker ausgebildet. Durch Hanns Dieter Hüsch, seinem lebenslangen Freund, wurde er ermuntert, Karikaturen zu zeichnen. Seit 1967 zeichnet er Karikaturen für diverse deutsche und schweizerische Zeitungen, unter anderem 15 Jahre lang für die Frankfurter Allgemeine Zeitung. Er illustrierte Bücher für Hanns Dieter Hüsch und viele andere. Er machte unzählige Radiosendungen über Liedermacher aus aller Welt und war 20 Jahre lang Jurymitglied des Deutschen Kleinkunstpreises. Vor 12 Jahren gründete er das „Theater im kleinen Kreis", an welchem er heute noch aktiv beteiligt ist. Jürgen von Tomëi lebt in Basel als freier Karikaturist, Illustrator und Schauspieler.